यात्रा कनोटक घाट से राजा घाट तक

(काशी के घाटों का एक झलक)

डॉ. जगदीश पिल्लई

|| श्री काशी विश्वनाथ को समर्पित ||

क्रम-सूची

क्रम-सूची

Prarthna

श्री विश्वनाथाष्टकम्

गङ्गातरङ्ग रमणीय जटाकलापं
गौरीनिरन्तरविभूषितवामभागम् ।
नारायणप्रियमनङ्गमदापहारं
वाराणसीपुरपतिं भज विश्वनाथम् ॥ १ ॥

वाचामगोचरमनेकगुणस्वरूपं
वागीशविष्णुसुरसेवितपादपीठम् ।
वामेन विग्रहवरेण कलत्रवन्तं
वाराणसीपुरपतिं भज विश्वनाथम् ॥ २ ॥

भूताधिपं भुजगभूषणभूषिताङ्गं
व्याघ्राजिनाम्बरधरं जटिलं त्रिनेत्रम् ।
पाशाङ्कुशाभयवरप्रदशूलपाणिं
वाराणसीपुरपतिं भज विश्वनाथम् ॥ ३ ॥

शीतांशुशोभितकिरीटविराजमानं
भालेक्षणानलविशोषितपञ्चबाणम् ।
नागाधिपारचितभासुरकर्णपूरं
वाराणसीपुरपतिं भज विश्वनाथम् ॥ ४ ॥

पञ्चाननं दुरितमत्तमतङ्गजानां
नागान्तकं दनुजपुङ्गवपन्नगानाम् ।
दावानलं मरणशोकजराटवीनां

वाराणसीपुरपतिं भज विश्वनाथम् ॥ ५ ॥

तेजोमयं सगुणनिर्गुणमद्वितीयं
आनन्दकन्दमपराजितमप्रमेयम् ।
नागात्मकं सकलनिष्कलमात्मरूपं
वाराणसीपुरपतिं भज विश्वनाथम् ॥ ६ ॥

आशां विहाय परिहृत्य परस्य निन्दां
पापे रतिं च सुनिवार्य मनः समाधौ ।
आदाय हृत्कमलमध्यगतं परेशं
वाराणसीपुरपतिं भज विश्वनाथम् ॥ ७ ॥

रागादिदोषरहितं स्वजनानुरागं
वैराग्यशान्तिनिलयं गिरिजासहायम् ।
माधुर्यधैर्यसुभगं गरलाभिरामं
वाराणसीपुरपतिं भज विश्वनाथम् ॥ ८ ॥

वाराणसीपुरपतेः स्तवनं शिवस्य
व्याख्यातमष्टकमिदं पठते मनुष्यः ।
विद्यां श्रियं विपुलसौख्यमनन्तकीर्तिं
सम्प्राप्य देहविलये लभते च मोक्षम् ॥ ९ ॥

इति श्रीव्यासकृतम् विश्वनाथष्टकम पूर्ण ॥

लेखक के बारे में

डॉ. जगदीश पिल्लई एक उत्साही पाठक, लेखक और सच्चे शोध विद्वान है जिनका का जन्म भगवान शिव के नगरी वाराणसी में हुआ था। वह वैदिक विज्ञान में पी.एच.डी. किया हुआ है| वह जन्मजात गुणों, रचनात्मक विचारों और कई उल्लेखनीय उपलब्धियों के साथ एक बहुआयामी पॉलीमैथ है। यद्यपि उनकी जड़ें "गॉड्स ओन कंट्री" (केरल) तक फैली हुई हैं| वाराणसी के निवासी उन पर गर्व महसूस करते हैं और उन्हें वाराणसी के एक बच्चे के रूप में मानते हैं जो बिना किसी अपेक्षा के हर व्यक्ति की जरूरत को पूरा करता है। उनकी प्रोफाइल के गहन अध्ययन से पता चलता है कि उन्होंने कामयाबी के कई सारे पंख जोड़े हैं जो उन्हें काफी अनोखा बनाते हैं। वह निम्नलिखित विषयों में चार बार गिनीज बुक ऑफ वर्ल्ड रिकॉर्ड धारक हैं:

(1) "स्क्रिप्ट टू स्क्रीन" जो उन्होंने कनाडा के लोगों द्वारा पहले के सेट रिकॉर्ड को तोड़कर कम से कम समय के भीतर कला एनीमेशन फिल्म का निर्माण और निर्देशन करके हासिल की। उनके नाम पर कई राष्ट्रीय और अंतर्राष्ट्रीय पुरस्कार और सम्मान भी हैं।

(2) पोस्ट कार्ड की सबसे लंबी लाइन जो उन्होंने 16300 पोस्ट कार्डों द्वारा भारतीय डाक दिवस के 163 साल के अवसर पर की है। यह कार्यक्रम भारतीय ध्वज के बारे में एक प्रश्नावली से भी जुड़ा था।

(3) सबसे बड़ा पोस्टर जागरूकता अभियान - यह "बेटी बचाओ - बेटी पढाओ" विषय पर जागरूकता अभियान तैयार करके प्राप्त किया गया था।

(4) सबसे बड़ा लिफाफा - प्रधानमंत्री की पहल 'मेक इन इंडिया' को श्रद्धांजलि के लिए - उन्होंने रद्दी कागजों का उपयोग करके लगभग

4000 वर्ग मीटर का लिफाफा बनाया है।

(5) भारत के सत्तरवें स्वतंत्रता दिवस को मनाने के लिए 210 किलो के केक पर 70000 मोमबत्तियां जलाकर वर्ल्ड रिकॉर्ड्स इंडिया में दर्ज अपना नाम दर्ज किया।

(6) सारनाथ के धमेक स्तूप पर 17 भाषाओं में डबिंग करके एक वृत चित्र बनाया है जिसका परिणाम गिनीज वर्ल्ड रिकॉर्ड्स से प्रतीक्षारत है।
वे गीता शिक्षण में बहुमुखी प्रतिभा के धनी हैं। युवा पीढ़ी उनके गीता शिक्षण से प्रेरित है और उन्होंने अपने निरंतर प्रेरक, प्रोत्साहन और शिक्षाओं के माध्यम से कई युवाओं के जीवन को बदल दिया है।

उन्होंने गायत्री मंत्र को 1000 अलग-अलग धुनों में गाया है।

उन्होंने 108 अलग-अलग धुनों में हनुमान चालीसा को गाया है।

उन्होंने सैकड़ों संस्कृत भजन, देशभक्ति गीत आदि की रचना और गायन किया है।

उन्होंने कई सरकारी जागरूकता अभियानों के लिए कई लघु फिल्मों और वृत्तचित्रों का लेखन और निर्देशन किया है।

उन्होंने वीडियो और फोटोग्राफी के माध्यम से विभिन्न मुद्दों पर जागरूकता अभियान फैलाने के लिए यूपी पुलिस और केरल पुलिस को स्वैच्छिक सेवाएं दी हैं।

वह भारतीय संस्कृति, भारतीय मंदिरों और असाधारण लोगों के जीवन पर हजारों किताबें लिखने की राह पर हैं।

यह विश्वास करना कठिन है कि उन्होंने एक विशेष शहर (वाराणसी) पर

100 से अधिक वृत्तचित्रों का निर्माण और निर्देशन किया है, जो अकेले एक व्यक्ति द्वारा किया गया है।

उन्होंने 25 से अधिक लड़कों और लड़कियों को विभिन्न रचनात्मक और अभिनव तरीकों के माध्यम से विश्व रिकॉर्ड हासिल करने में मदद और मार्गदर्शन किया है।

एक बहुमुखी व्यक्ति जो ईश्वर प्रदत्त आशीर्वाद का उपयोग करके अपनी बुद्धि का सबसे अच्छा उपयोग करता रहता है| इसलिए वह कई चीजों को सीखने, अनुभव करने और प्रयोग करने और भेदभाव और असमानताओं की इस दुनिया में चमत्कार करने की अपार क्षमता प्रदान करता है। .

वह एक ही समय में एक शिक्षक और एक छात्र है जो हमेशा हर दिन सीखता है और हर दिन किसी न किसी को कुछ न कुछ पढ़ाता है। एक मास्टर के तौर पर उनकी कमजोरी यह थी कि वह कभी किसी खास विषय पर नहीं टिकते। शायद यही कमजोरी उसे किसी भी क्षेत्र में महारत हासिल करने की ताकत देती है।

उनका प्रत्येक दिन एक नया विषय सीखने के साथ शुरू होता है और वह अपना अधिकांश समय प्रयोग और शोध करने में व्यतीत करते हैं।

वह एक निस्वार्थ सामाजिक कार्यकर्ता और एक प्रेरक वक्ता भी हैं।

उनका जीवन भी संघर्ष, उतार-चढ़ाव और असफलताओं से भरा रहा है। लेकिन उन्होंने कभी हार नहीं मानी और आत्मविश्वास से भरे अपने सभी परीक्षणों और क्लेशों का सामना किया। आज वह एक सफल युवक है जिसके पास बहुत जोश और समृद्ध जीवन का अनुभव है।

उन्होंने अपनी ही धुन से पूर्ण रामचरित मानस 51 घंटे का ऑडियो

गाया है। उन्होंने पूरी भगवद-गीता को भी अपनी धुन में एक लयबद्ध पृष्ठभूमि के साथ गाया है।

उन्होंने 50 अलग-अलग भाषाओं में "लोका: समस्ता: सुखिनो भवन्तु" भी गाया है।

वर्तमान में वेद, उपनिषद, पुराण, भगवद गीता आदि पर विस्तृत और वैज्ञानिक अध्ययन पर काम कर रहे हैं।

वर्तमान में, वह 'यूरेशिया डिजिटल यूनिवर्सिटी' के मानद चांसलर हैं।

पुरस्कार

चार बार गिनीज वर्ल्ड रिकॉर्ड्स में नाम दर्ज|

महात्मा गांधी विश्व शांति पुरस्कार के विजेता|

महात्मा गांधी वैश्विक शांति राजदूत|

काशी रत्न पुरस्कार|

डॉ० ए०पी०जे० अब्दुल कलाम मोटिवेशनल पर्सन ऑफ द ईयर 2017|

मदर टेरेसा पुरस्कार|

इंदिरा गांधी प्रियदर्शिनी पुरस्कार|

भारत विकास रत्न पुरस्कार|

उद्योग रत्न पुरस्कार|

विज्ञान प्रसार पुरस्कार|

पूर्वांचल रत्न पुरस्कार|

डॉ. जगदीश पिल्लई वैदिक साइंस, भगवद्गीता आदि के टीचर है| उसके आलावा लेखक, गायक, फिल्म मेकर, जेमोलोजिस्ट, आस्ट्रो-वास्तु कंसलटेंट, वर्ल्ड रिकॉर्ड कंसलटेंट, प्राणिक हीलर, स्पिरिचुअल काउंसलर, टैरो कार्ड रीडर आदि विषयों में भी महारत हासिल है|

आप आल इंडिया मलयाली एसोसिएशन उत्तर प्रदेश के चेयरमैन है एवं भारतीय मानवाधिकार एसोसिएशन के 'संस्कृति एवं संस्कार' का राष्ट्रीय सचिव भी है|

आमुख

कई साल पहले जब जीवन का कुछ मुश्किल समय चल रहा था और उस समय को किसी तरह बिताने के लिए काशी के गंगा किनारे की घाटों में घूमने जाते थे| असी घाट से राज घाट यूं ही पैदल चला करता था| कुछ दिन चलने के बाद एक दिन मन में आया कि सीधे गंगा किनारे से चलने से अच्छा है कि हर घाटों के पीछे जो गलीयां है उस गलियों से भी घूमा जाए| वो मेरा सही निर्णय था क्यों की असली में हर एक घाट के पीछे क्या क्या कहानी है, कौन कौन से मंदिर है और ऐसे कई रहस्य चीज़ों की जानकारी मिलने लगी| फिर मैंने एक दिन एक हैंडीकाम लेकर हर घाट एवं घाट के पीछे के इमारतें मंदिर आदि भी देखने एवं शूट करने लगे| हर घाट के स्थानीय लोगों से उस घाट के बारे में पूछने एवं नोट करने लगे| एक अंकल जी ने मुझे सारे घाटों की इतिहास पर एक बहुत पुरानी किताब भी दिया|

कई महीने बाद मन में आया कि हर एक घाट के ऊपर एक एक वृत्तचित्र बनाते हैं और हम उसकी तैयारी में लगे| शायद एक शहर के किसी एक विषय के ऊपर इतनी वृत्तचित्र दुनिया में पहली बार बनता और गिनीज़ वर्ल्ड रिकॉर्ड में आने की सम्भावना है| उसी के लिए लिखे हुए स्क्रिप्ट को ही दुनिया के लिए और आने वाले सहलानियों के लिए किताब के सीरीज़ रूप में प्रकाशित करने की सोचा जो इस पुस्तक के रूप में आज प्रकाशित हुआ है|

वाराणसी शहर के गंगा किनारे लगभग सौ घाट हैं। इनमें से सबसे प्रसिद्ध और सबसे पुराने घाट दशाश्वमेघ, मणिकर्णिका और हरिश्चंद्र घाट हैं। वहाँ के कुछ घाट हिन्दू शासकों जैसे मालवा क्षेत्र की अहिल्या बाई होल्कर, ग्वालियर के पेशवा, आमेर के मान सिंह, जयपुर के जय सिंह आदि द्वारा बनवाए गए हैं। बनारस की कुछ प्रसिद्ध हस्तियों ने घाटों का नाम अपने नाम पर रखा है। मुंशी घाट का नाम हिंदी कवि मुंशी

प्रेमचंद के नाम से है, तुलसी घाट हिंदू कवि तुलसीदास जी के बाद दिया गया है जिन्होंने रामचरितमानस लिखा है।

अधिकांश घाट मराठा काल में बने थे। मराठा, होल्कर, भोंसले, शिंदे (सिंधिया) और पेशवे (पेशवा) वर्तमान वाराणसी के संरक्षक के रूप में रहे हैं। वाराणसी में सुबह की नाव की सवारी पर्यटकों के आकर्षण के रूप में दुनिया भर में प्रसिद्ध है। यदि आप काशी में एक पर्यटक के रूप में आते हैं तो घाटों के पार गंगा पर नाव में सवार होकर एक छोर से दूसरी छोर तक जाना एक महान स्मृति बनकर जीवन भर मैन में रह सकते हैं|

अधिकांश घाट स्नान एवं पूजा आयोजन के लिए प्रसिद्ध है, जबकि दो घाट विशेष रूप से श्मशान स्थलों के रूप में उपयोग किए जाते हैं जैसे हरिश्चंद्र घाट एवं मणिकर्णिका घाट।

अधिकांश वाराणसी घाटों का पुनर्निर्माण 1700 ईस्वी के बाद किया गया था, जब शहर मराठा साम्राज्य का हिस्सा था। वर्तमान घाटों के संरक्षक मराठा, शिंदे (सिंधिया), होल्कर, भोंसले और पेशवे (पेशवा) हैं। कई घाट पौराणिक कथाओं से जुड़े हैं जबकि कई घाट निजी स्वामित्व में हैं। घाटों के पार गंगा पर सुबह की नाव की सवारी एक लोकप्रिय आगंतुक आकर्षण है।

गंगा हमारे बहुत से पवित्र संस्कारों की साक्षिणीय है| गंगा के तट पर स्नान के अतिरिक्त हमारी संस्कृति से जुड़ी हुई बहुत से सामाजिक अनुष्टान संपन्न कराये जाते है| सभी अनुष्ठानों के केन्द्र में गंगा की पवित्रता और उनके प्रति लोगों का आस्था झलकती है|

गंगा के अभाव में इस अनुष्ठानों के परिकल्पना ही संभव नहीं है| हमारे अनुष्ठानों का शुभारम्भ बाल्यावस्था में मुंडन संस्कारए युवा अवस्था में विवाह मृत्यु पर दाह संस्कार एवं मृत्योपरांत तर्पण तक चलती है| इन सभी अवस्थावों की साक्षी माँ गंगा है| गंगा के तट पर बच्चों का मुंडन

कराना अत्यंत श्रेयस्कर मानते है| बच्चों के आलावा बड़े भी कभी कभी गंगा तट पर मुंडन करवाते नज़र आते हैं|

विवाह के बाद नव दम्पति सर्वप्रथम माँ गंगा का आशीर्वाद लेने अपने परिजनों के साथ आते हैं और गंगा पूजन कर गाठ खोलने की रस्म निभाते हैं | लगन के दौरान बहुत से नव विवाहित जोड़े इस रस्म की अदायकी के लिए घाटों पर दिखाई पड़ते है| उत्तराँचल का महापर्व शूर्य षष्टि जिसको लोग मानस के भाषा में छट कहा जाता है, यहाँ गंगा के किनारे भी बहुत भव्य एवं विशाल पैमाने पर आयोजित किया जाता है| शाम से ही अस्थालाचलागामी भगवान् भास्कर को अर्ध देने केलिए वृति महिलाओं का जन सैलाब उमड़ पड़ता है|

काशी में तर्पण का मतलब तर जाना होता है यानी मोक्ष प्राप्ति जो की हमारे जीवन का परम उद्देश्य है|

कर्नाटक घाट

1

कर्नाटक घाट

हनुमान घाट एवं हरिशचंद्र घाट के बीच स्थित कर्नाटक घाट २० वीं शादी के पूर्व तक हनुमान घाट का ही एक भाग था| घाट के पुनर्निर्माण में मैसूर राज्य के योगदान के बाद प्राचीन हनुमान घाट का उत्तरी भाग मैसूर घाट के नाम से विख्यात हुआ जो कालांतर में कर्नाटक घाट के नाम से परिवर्तित हो गया| घाट के ऊपरी भाग मैं मैसूर स्टेट द्वारा निर्मित धर्म शाला एवं मंदिर है| धर्मशाला में निवास करने वाले यात्रियों में दक्षिण भारतीयों की संख्या सर्वाधिक होती है| घाट के दक्षिणी भाग में गंगा तट से गली तक पक्की सीढियां है जो हनुमान एवं कर्नाटक घाट को अलग करती है| इस घाट का उत्तरी भाग हरिशचंद्र घाट से लगा है जो काशी के एक प्रसिद्ध श्मशान घाट है| घाट पर स्नान करने वालों में दक्षिण भारतीयों की संख्या अधिक होती है|

यहाँ के मुख्य भवन के ऊपर मैसूर स्टेट का राज चीन्ह अंकित है| इस घाट के पीछे चाँद कदमों पर प्रसिद्ध कांची कामकोटी मंदिर स्थित है जो अपनी स्तापथ्य कला एवं गुम्बजों के दक्षिण भारतीय नक्काशियों केलिए प्रसिद्ध है| इस घाट से स्वच्छ गंगा की अविरल धारा को निहारने का मौलिक एवं अध्यात्मिक शान्ति प्रदान करता है|

यहाँ के मुख्य भवन के ऊपर मैसूर स्टेट का राज चीन्ह अंकित है| इस घाट के पीछे चाँद कदमों पर प्रसिद्ध कांची कामकोटी मंदिर स्थित है जो अपनी स्तापथ्य कला एवं गुम्बजों के दक्षिण भारतीय नक्काशियों केलिए प्रसिद्ध है| इस घाट से स्वच्छ गंगा की अविरल धारा को निहारने का मौलिक एवं अध्यात्मिक शान्ति प्रदान करता है|

हरिशचंद्र घाट

2

हरिशचंद्र घाट

कर्नाटका घाट एवं लाली घाट के बीच स्थित घाट हरिशचंद्र घाट के नाम से जाना जाता है| यह घाट काशी के दो प्रमुख श्मशान घाट में से एक है| घाट के नामकरण के सन्दर्भ में पारंपरिक मान्यता है की अयोध्या के राजा और सत्य के प्रतीक हरिशचंद्र सत्य की रक्षा केलिए काशी के इसी शमशान घाट पर बीके थे| इस मान्यता के कारण ही इस घाट का नाम हरिशचंद्र घाट पड़ा|

ग्रंथों में उल्लेख मिलता है की यहाँ शरीर त्यागने से भैरवी यातना से मुक्ति पाकर मोक्ष प्राप्त कर लेता है|

इतिहास के अनुसार 15 वीं.16 वीं शदी में इस घाट की विशेष मान्यता थी| स्कंद्पुराण के काशी खण्ड में केदार महात्म्य में उल्लेख है की केदारेश्वर अंतर्गृह यात्रा इस घाट पर स्नान के बाद प्रारंभ होती थी| वर्तमान में घाट पर शवदाह के अतिरिख्त अन्य कोई धार्मिक.सांकृतिक कार्य संपादित नहीं होता है|

1988 ई के पूर्व तक घाट कच्चा तथा नगर में भवन निर्माण हेतु बालू के क्रय विक्रय का प्रमुख केन्द्र था| 1988 में ही घाट पर विद्युत शवदाह गृह का भी निर्माण हुआ जो परंपरागत शवदाह के साथ साथ चलता रहता है

और घाट पर आधुनिक सन्दर्भ में होने वाले परिवर्तन का साक्षी है | घाट में ही एक छोटा सा शिवमंदिर स्थित है जिनका नित्य पूजा अर्चना होता रहता है|

लालीघाट

3

लालीघाट

राजा हरिशचंद्र घाट एवं विजयनगरं घाट के बीच स्थित घाट लाली घाट जिसे स्थानीयजन लल्लीघाट भी कहते है| ऐसी मान्यता है कि यहां पर चम्पारण बिहार के सन्त लालीबाबा का निवास था। घाट पर लालीबाबा द्वारा स्थापित गुदइ दास का अखाड़ा आज भी विद्यमान है। 19वीं सदी ई. के पूर्वाद्ध में महाराजा विजयानगरम ने इस घाट को पक्का कराया|

ट के उत्तरीभाग में गंगा तट से गलि तक पक्की सीढियां है। इस सीढ़ियों पर छोटी-छोटी देवा कुलिकायें स्थापित है, जिनमें शिव, गणेश व हनुमान की लघु आकृतियां प्रतिष्ठित है।

लाली घाट पर बने भवनों की शोभा देखते ही बनती है। काशी का स्थान आदि काल से ही समस्त जम्बुदीप में सर्वोपरि रहा है| काशी न केवल भगवान शिव द्वारा स्थापित एवं प्रतिष्ठित नगर है बल्कि यह मुमुक्ष है, अर्थात् यहां शरीर त्यागने पर पुनः शरीर धारण नहीं करना पड़ता। व्यक्ति मोक्ष को प्राप्त कर लेता है। चिरकाल से ही काशी की इसी मान्यता के कारण यहां असंख्य लोग देश के कोने-कोने से आते रहे हैं और यही प्राण त्यागने हेतु यहां के आवासिक बनते रहे है।

लाली घाट पर भी देश के कोने-कोने से आते हुए ऐसे अनेक मोक्ष प्राप्ति की कामना लिए आवासिक रह कर निरन्तर भक्ति, भजन करते हैं एवं मोक्ष की कामना में भगवान शिव एवं मां गंगा की सेवा में निरूद्ध हैं| लाली घाट भी इस महती कार्य में अपनी भूमिका निभा रही है। यही कारण है कि लाली घाट की लालिमा आज भी उसी प्रकार बनी हुई है और अपने अस्तित्व को आज भी सहेजे हुए यह काशी के प्रमुख घाटों में शुमार है।

विजयनगरम घाट

4

विजयनगरम घाट

लाली घाट एवं केदार घाट के बीच स्थित विजयनगरम घाट का निर्माण महाराजा विजयानगरम ने 19वीं शदी ई. के उत्तरार्ध में कराया था । घाट पक्का है गंगातट से गली तक सुदृढ़ सीढ़ियां है तथा घाट पर महाराजा विजयनगरम का विशाल भवन है। इस विशाल भवन को महाराज ने 20वीं सदी के उत्तरार्ध में महान संत करपात्री जी को दान कर दिया। इसी भवन में करपात्री जी का निवास था आज यह भवन स्वामी करपात्री आश्रम के नाम से जाना जाता है। किन्तु घाट का नाम आज भी विजयानगरम घाट ही है। घाट पर निर्मित यह भवन दक्षिण भारतीय स्थापत्य शैली का सुन्दर उदाहरण है।

घाट पर 19वीं सदी में बना मोक्ष लक्ष्मी मन्दिर है जो आज भी तीर्थ यात्रियों के आस्था का केन्द्र है| घाट पर भगवान शिव का भी मन्दिर स्थापित है जिसमें भूतल से 3 फीट नीचे शिवलिंग प्रतिष्ठित है।

यह आन्ध्र प्रदेश से सम्बन्धित एक मात्र घाट है। तिरूपति, तिरूमला देवस्थान में मुण्डन कर बाल समर्पित करने की परम्परा का निर्वाह आन्ध्रा के तीर्थ यात्री यहाँ काशी तट पर भी करवाते दिखते हैं। महिलायें भी काशी में अपना केश मुण्डन करवाती दिखाई देते है।

यहाँ आन्ध्रा तथा बंगाली तीर्थयात्री ज्यादा आते रहते हैं और वातावरण में उन राज्यों की संस्कृती की झलक दिखती है।

केदारघाट

5
केदार घाट

विजयनगरम घाट एवं चौकी घाट के बीच स्थित केदार घाट का काशी के अति महत्वपूर्ण घाटों में विशिष्ट स्थान है।

जयानगरम् घाट के उत्तरी सीमा से सटे इस घाट पर केदारेश्वर शिव का विशाल मंदिर है| ब्रह्म वैवर्त पुराण में केदारघाट को आदिमणिकर्णिका क्षेत्र माना गया है| यहाँ शरीर त्यागने के बाद मनुष्य जन्म मरण के बन्धन से मुक्त हो जाता है।

गुम्बदाकार शिखर से युक्त केदारेश्वर मंदिर की स्थापना 19 सदी के है। इसी के समकालीन दो छोटे मंदिर नृसिंह मंदिर व भैरव मंदिर है|

यहीं पर 18वीं शदी ई. में बना एक छोटा शिव मंदिर भी है। गंगा तट के समीप घाट सीढ़ियों पर गौरी कुण्ड है जो जनमानस की आस्था का केन्द्र बना हुआ है तथा यहां पर गंगा में हरंपाप तीर्थ की भी मान्यता है| हरंपाप मतलब यहां पर स्नान करने मात्र से मनुष्य सभी पापों से मुक्त हो जाता है। श्रावण मास में इस घाट पर स्नानार्थियों की भारी भीड़ होती है। विशेषकर दक्षिण भारतीय तीर्थ यात्रियों की भीड़ होती है। इस घाट पर स्नान व केदारेश्वर के दर्शन को अधिक महत्व देते है।

पर्व विशेष पर भी इस घाट पर स्नान दान करने वालो की भारी भीड़ होती है। इस घाट पर ही 16 शताब्दी में निर्मित कुमार स्वामी मठ है, मंदिर की देखरेख का जिम्मा कुमारस्वामी मठ के ही अधीन है।

चौकी घाट

चौकी घाट

केदार घाट एवं क्षेमेश्वर घाट के बीच स्थित विस्तृत क्षेत्र में भैले घाटों में शुमार चौकी घाट का स्थान सर्वोपरि है। इस मुख्य घाट के ऊपरी भाग में एक चैराहा है जिससे होकर एक मार्ग केदारेश्वर मंदिरए दूसरा मान सरोवर, तीसरा सोनारपुरा एवं चौथा घाट की सीढ़ियों से जुड़ा है। इसी चौके कारण ही यह घाट चौकी घाट कहा जाता है।

घाट के ऊपरी भाग में हनुमान एवं भगवान शिव को समर्पित मन्दिर है। इस मंदिर के समीप विशाल पीपल के वृक्ष के नीचे नागपट्ट है।

चौकी घाट पक्का एवं प्राचीन घाट है। घाट पर स्थानीय नागरिकों की भीड़ ही प्रायः अधिक रहती है| यह घाट चार तरफ से आने वाली गलियों से जुड़ा हुआ होने के कारण स्थानीय मुहल्ले के लोगों की प्रायः बैठकी का भी यह मुख्य केन्द्र हैं।

मां गंगा की अविरल निर्मलता को बनाये रखने में लगा पम्पिंग स्टेशन गन्दे जल का शोधन कर इसे गंगा में प्रवाहित होने देता है। गोस्वामी तुलसीदाय जी द्वारा स्थापित हनुमान मंदिर प्राचीन काल से श्रद्धालुओं की श्रद्धा का केन्द्र है।

घाट स्वच्छ एवं पक्का होने के कारण यहां स्नानार्थियों की भी संख्या पर्याप्त रहती है। घाट के ऊपरी सिरे पर प्राचीन चैकिया माता का मन्दिर है तथा दक्षिण भारतीय तीर्थयात्रियों एवं संतों को समर्पित कुमार स्वामी मठ स्थित है इस घाट पर दूध क्रय विक्रय का कार्य भी होता है|

क्षेमेश्वर घाट

क्षेमेश्वर घाट

मान्यताओं के अनुसार चौकी घाट एवं मानसरोवर घाट के बीच में स्थापित क्षेमेश्वर घाट का क्षेमेश्वर मंदिर शिव भक्त क्षेमक द्वारा 19 सदी में बनाया गया| इस क्षेमेश्वर मंदिर मन्दिर के कारण ही इस घाट का नाम क्षेमेश्वर घाट पड़ा|

काभी पुराने समय से इस घाट से होता हुआ एक नाला था जिसके कारण इस घाट को नाला घाट भी कहा जाता था। वर्तमान में यह नाला चैकीघाट स्थित सिवेज ट्रिटमेंट प्लांट से जोड़ दिया गया है।

किसी प्रान्त के राजा या कोई सम्पन्न व्यक्ति काशी में महल या मंदिर का बनाना समझ में आता है मगर कोई राक्षस भी ऐसा ही कार्य करे तो यह किसी आश्चर्य से कम नहीं। मगर इस क्षेमेश्वर घाट का इतिहास यही कहता है। कहावत के अनुसार इस घाट पर एक शिव मन्दिर है, इस मन्दिर की स्थापना क्षेमक नाम का एक शिव भक्त ने ही कराया था और क्षेमक शायद एक राक्षस था। क्षेमेश्वर शिव की पूजा विशेषतः गौड़ या भुजा समुदाय के लोग करते है।

घाट के उत्तरी भाग का पक्का निर्माण 19वीं सदी ई. में कुमार स्वामी मठ द्वारा कराया गया था |

घाट के किसी विशेष संस्कृतिक महत्व से जुड़े न होने के कारण यहाँ पर स्नानर्थियों की कमी रहती है। मंदिर के उत्तरी भाग में खाली जगह एवं एक विशाल पेड़ है। कभी-कभी सैलानी लोग यहाँ पर विश्राम करते

है और गंगा के निर्मल बहाव को निहारते हुए अपने जीवन के कुछ पल को अमूल्य बनाकर अध्ययन के पर सीमा को प्रणाम है।

मानसरोवर घाट

6

क्षेमेश्वर एवं नारद घाट के बीच स्थित है मानसरोवर घाट| राजस्थान के आमेर राजा मानसिंह द्वारा इस घाट पर मानसरोवर कुड एवं इस घाट का निर्माण करवाया गया था। 17वीं सदी ई. में इस सरोवर का विशेष धार्मिक महत्व था।

प्रचलित जनश्रुतियों के अनुसार इस सरोवर में स्नान से हिमालय में स्थित मानसरोवर में स्नान का पुण्य मिलता है। अतः यहाँ स्नानर्थियों की संख्या पर्याप्त होती है। इस सरोवर के कारण ही यहाँ का समीपवर्ती मुहल्ला मानसरोवर मुहल्ला कहलाता है। इस घाट पर ही आंध्रा आश्रम भवन है, जहाँ पर सरोवर आज भी कुएं के रूप में सुरक्षित है।

सरोवर के सिमट जाने के कारण वर्तमान में मानसरोवर कुंड का स्नान मानसरोवर घाट पर ही होता है।

इस घाट पर दक्षिण भारतीय लोगों का मुख्यतः आँध्रप्रदेश के लोगों का भीड़ रहती है और आँध्रप्रदेश के विशेष पर्व अवसर पर यहाँ अध्यात्मिक भीड़ रहते है ओर वे लोग कई तरह के अनुष्टान यहाँ करते दिखाई पड़ते हैं|

हिमालय के मानसरोवर जटिल यात्रा सभी के लिए संभव नहीं है, इसलिए इस घाट पर स्नान कर स्नानार्थि वही पुण्य प्राप्त कर सकते हैं

नारदघाट

7

नारदघाट

मानसरोवर घाट एवं राजा घाट के बीच स्थित नारद घाट प्राचीनकाल में कुवाईघाट के नाम से विख्यात था| यह घाट अब नारद घाट के नाम से जाना जाता है।

19वीं सदी ई. के मध्य घाट पर नारदेश्वर शिव के मंदिर का निर्माण हुआ जिसके बाद ये घाट नारद घाट से जाना जाने लगा। 19वीं सदी ई. के अन्तिम चरण में दक्षिण भारीय स्वामी सतीवेदानन्द दत्त्रेय ने इस मंदिर जीणोद्वार कराया जिसके बाद से इसे दत्तात्रेय घाट के नाम से भी जाने लगा। घाट के उपरी भाग में दत्तात्रेश्वर शिव का मंदिर तथा दत्तात्रेश्वर मठ स्थापित है |

ऐसी मान्यता है कि घाट स्थित नारदेश्वर शिव की स्थापना देवर्षि नारद ने किया था। इस घाट पर एक विशाल पीपल का वृक्ष है जिसके नीचे 12वीं 13वीं सदी ई. की खण्डित मुर्तियों के अवशेष है घाट पर दत्तात्रेय मठ के द्वारा प्रतिदिन गरीबो को भोजन कराया जाता है।

20 वीं शदी ई के मध्य तक घाट का अधिकान्श भाग क्षतिग्रस्त हो गया थाए जिसका पुनर्निर्माण उत्तर प्रदेश सरकार ने 1965 में कराया|

राजा घाट

8

राजा घाट

नारद घाट एवं पाण्डेय घाट के बीच स्थित राजा घाट भी काशी के विस्तृत घाटों में शुमार है| घाट पर स्थित विशाल मठ और महल का निर्माण 1807 ई. में पूना के पेशवा अमृत राव ने कराया था| आरम्भ में यह घाट अमृत राव के नाम से ही अमृतराव घाट के नाम से भी जाना जाता था। कालान्तर में इसे राजा घाट के नाम से जाना जाने लगा। विस्तृत क्षेत्र में फैले इस घाट के दक्षिणी भाग अन्नपूर्णा मठ तथा उत्तरी भाग में महल है| मठ एवं महल के बीच गंगा तट से आरम्भ होकर गली तक सुदृढ़ सीढ़िया हैं जो मठ एवं महल को अलग-अलग करती है।

20 वीं सदी ई. के पूर्वार्ध तक यह घाट अमृतराव घाट अथवा राजा घाट के साथ ही गंगा महल घाट के नाम से भी जाना जाता था। घाट स्थित मठ में माता अन्नपूर्णा, श्री लक्ष्मीनारायण एवं भगवान शिव के प्राचीन मंदिर है। इस घाट पर प्रतिदिन सांयकाल अन्नपूर्णा मठ द्वारा माँ गंगा के आरती का भव्य आयोजन होता है।

कभी कभी इस घाट पर शहर के कई संस्थाओं के द्वारा विभिन्न प्रकार की सांस्कृतिक गतिविधियों का आयोजन विदेशी पर्यटकों के मनोरंजन के लिए किया जाता है|

सदर्भ

|| इस पुस्तक को तैयार करने में सहयोग देने वाले हर एक व्यक्ति को दिल से मेरा प्रणाम ||

विशेष धन्यवाद

डॉ. हरी शंकर जी
लेखक
(काशी के घाट - कलात्मक एवं सांस्कृतिक अध्ययन)

वाराणसी प्रशासन

स्थानीय लोग

संपर्क सूत्र

9839093003

myrichindia@gmail.com

facebook.com/drjagadeeshpillaiofficial

youtube.com/drjagadeeshpillai

|| लोकाः समस्ताः सुखिनो भवन्तु ||

• 45 •